[PE]TIT CATÉCHISME
DES MÈRES

OU

TRÈS-PETIT ABRÉGÉ

DU CATÉCHISME DE PERSÉVÉRANCE

A L'USAGE

DES ENFANTS DE SIX A HUIT ANS

PAR

Mgr GAUME

Protonotaire apostolique, Docteur en Théologie

NOUVELLE ÉDITION

Approuvée et recommandée par la plupart des Archevêques et des Évêques de France

---

PARIS
[GA]UME ET Cie, ÉDITEURS
3, RUE DE L'ABBAYE, 3

Bethléem, ou l'École de l'Enfant Jésus ; petites visites à la crèche pour le temps de Noël, d'après S. Alphonse de Liguori, par Mgr GAUME. 1 vol. in-18..... 1 fr. 50

Digne contre l'impiété, la crèche est la meilleure école qui soit au monde. Quelles belles et bonnes et grandes choses on y apprend ! C'est un enfant que nos yeux voient couché dans ce berceau ; mais notre foi découvre sous ces faibles apparences, sous ces traits enfantins, le grand Docteur, le grand Instituteur, le grand Maître.

L'École de la Crèche n'est-ce pas l'espoir de la France, la grande école de la régénération ? Comment désespérer d'une nation où chaque hameau aussi bien que chaque ville célèbre son Noël avec cette poésie, cette naïveté, cet élan religieux qui reportent à un âge meilleur, et font briller, à travers les sinistres lueurs des temps présents, un rayon de consolation, tout en projetant à l'horizon du sombre avenir une clarté d'invincible et suprême espérance !

Bible de l'Enfance (la), ou Histoire abrégée de l'Ancien et du Nouveau Testament, racontée aux enfants de huit à douze ans, par l'abbé MARTIN DE NOIRLIEU, curé de Saint-Louis d'Antin. 29e *édition*, autorisée *par le Conseil de l'Université*. 1 vol. in-12 cart.. 1 fr 50

Heures des Enfants. 1 vol. in-32 .... 40 c.

Ce petit recueil renferme un choix bien fait de Prières à l'usage des enfants de quatre à sept ans, qui, sans fatiguer leur attention, leur apprennent à se tourner vers Dieu dans toutes les circonstances de leur vie, à le regarder comme le principe de toute chose, comme leur bienfaiteur, comme leur fin dernière.

CATÉCHISME

DES MÈRES

Ouvrages du chanoine GAUME

Épitres et Évangiles des dimanches et fêtes à l'usage des écoles, des catéchismes et des pensionnats; *traduction nouvelle*, avec *introduction, sommaires* et *notes*, approuvée et recommandée par Mgr l'Archevêque de Paris. 1 volume in-18 cartonné.. 60 c.

Manuel du Chrétien, contenant les **Psaumes**, la **Vie de Jésus-Christ**, le **Nouveau Testament**, **l'Imitation**, *précédés* de Messe, Vêpres et Complies. Nouvelle édition, accompagnée d'un très-grand nombre de *notes*. 1 vol. in-32.. 3 fr. 30

Nouveau Testament (le) de Notre-Seigneur Jésus-Christ; *traduction nouvelle*, avec *introduction, sommaires* et *notes*, publiée avec autorisation de l'Ordinaire. Nouvelle édition *approuvée à Rome*, précédée de la vie de N.-S. Jésus-Christ en tableaux, d'après les quatre Évangélistes. 2 vol. in-12 (*en gros caractère*).. 8 fr.

— 1 vol. in-12 (*en gros caractère*).......................... 6 fr.

— 1 vol. in-32 (*en petit caractère*), broché.......... 2 fr. 50

Les Psaumes traduits et annotés. 1 vol. in-32.. 1 fr. 50

Corbeil. — Typ. de Crété fils.

PETIT CATÉCHISME
DES MÈRES

OU

TRÈS-PETIT ABRÉGÉ

DU CATÉCHISME DE PERSÉVÉRANCE

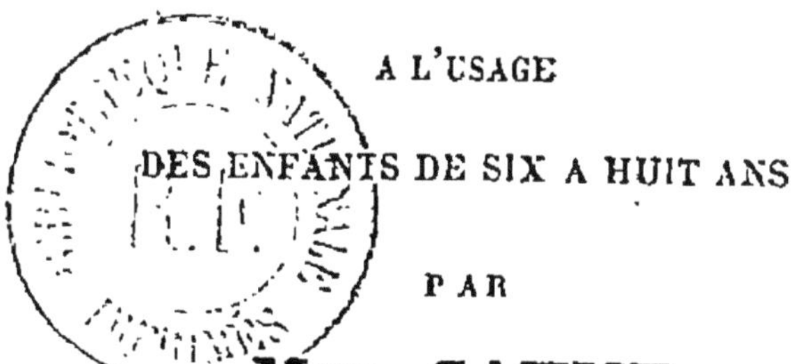

A L'USAGE

DES ENFANTS DE SIX A HUIT ANS

PAR

Mgr GAUME

Protonotaire apostolique, Docteur en Théologie

NOUVELLE ÉDITION

PARIS

GAUME ET Cie, ÉDITEURS

3, RUE DE L'ABBAYE, 3

1876

AVANT-PROPOS

La publication de cet opuscule est la réponse à une demande qui nous a été souvent adressée par des mères de famille et par des personnes chargées de la première éducation des enfants.

Le *Catéchisme des mères* contient deux explications de la doctrine chrétienne, en harmonie avec le Catéchisme de Persévérance. L'une est tout à fait élémentaire, l'autre plus développée; mais toutes deux sont conçues sur le même plan : même ordre, mêmes définitions. Il n'y a de différence que du plus au moins. Toutes deux peuvent s'apprendre sur les genoux de la mère, avant l'entrée de l'enfant aux catéchismes de paroisse.

Du petit volume qui les renferme, nous avons détaché la première, destinée aux enfants de six à huit ans. Un format plus commode, un caractère plus fort, l'approprient aux besoins de cet âge.

Elle est précédée d'un tableau de la doctrine chrétienne. Sous une forme simple et concise, cet abrégé de toute la théologie présente le divin édifice de la religion dans son ensemble et dans l'admirable enchaînement de ses parties.

Il sera très-utile de commencer par le faire apprendre par cœur. L'expérience prouve que rien n'est plus propre à orienter l'étude de l'enfant et à faciliter l'enseignement de la mère.

Les approbations de ce Catéchisme se trouvent dans la seconde partie.

TABLEAU

DE LA

DOCTRINE CHRÉTIENNE

I

Il y a un Dieu ; il n'y en a qu'un ; il ne peut y en avoir plusieurs.

Dieu, c'est le Père et le Fils et le Saint-Esprit, trois personnes distinctes dans une seule et même divinité.

Dieu est de toute éternité ; mais il a créé dans le temps le ciel et la terre, les anges et les hommes.

II

Le ciel et la terre, c'est tout ce que nous voyons.

III

Les anges sont des créatures spirituelles, supérieures à l'homme, et par lesquelles Dieu gouverne le monde. Les anges forment trois hiérarchies, divisées en neuf chœurs.

La première hiérarchie se compose :

Des Séraphins,

Des Chérubins,

Des Trônes.

La seconde hiérarchie se compose :

Des Dominations,

Des Principautés,

Des Puissances.

La troisième hiérarchie se compose :

Des Vertus,

Des Archanges,

Des Anges.

Une partie des anges se sont révoltés contre Dieu. On les appelle *mauvais anges* ou *démons*. Ils cherchent à nous nuire, mais les bons anges nous défendent.

IV

L'homme est une créature composée d'un corps et d'une âme. Le corps est sujet à la mort. L'âme est immortelle.

Le corps a cinq sens :

La vue,

L'ouïe,

L'odorat,

Le goût,

Le toucher.

Au moyen de ces cinq sens, nous jouissons de toutes les créatures.

L'âme a trois facultés :

La mémoire,

L'entendement,

La volonté.

C'est surtout par les facultés de notre âme que nous sommes l'image de Dieu.

V

L'homme ne fait que passer sur la terre : il marche vers l'éternité. Pour le conduire, Dieu lui a donné une grande loi qu'on appelle la *Religion*.

VI

La Religion nourrit notre mémoire et

éclaire notre entendement par les vérités qu'elle enseigne. Ces vérités sont contenues dans le Symbole des Apôtres. Le Symbole a douze articles. Les huit premiers regardent Dieu, notre Père ; les quatre derniers, l'Église, notre mère.

VII

La Religion fortifie notre volonté par la Grâce. La Grâce est un principe divin qui nous fait enfants de Dieu et héritiers de sa gloire.

VIII

La Grâce nous est communiquée par les Sacrements et par la Prière. Les Sacrements sont au nombre de sept :

Le Baptême,

La Confirmation,

L'Eucharistie,

La Pénitence,

L'Extrême-Onction,

L'Ordre,

Le Mariage.

La plus belle Prière est le *Pater*, dont les demandes sont au nombre de sept.

IX

La Grâce se perd par le péché mortel. Le péché mortel est remis par les Sacrements ; et le péché véniel peut l'être par les Sacramentaux. Les Sacramentaux sont au nombre de sept :

L'eau bénite,

Le *Pater*,

Le *Confiteor*,

L'aumône,

Le pain bénit,

La bénédiction de l'évêque,

L'assistance à la messe.

Chacune de ces choses doit être accompagnée de douleur et de dévotion.

X

La Religion règle notre conduite par les devoirs qu'elle nous trace. Ces devoirs sont contenus dans le Décalogue.

Le Décalogue renferme dix commandements. Les trois premiers se rapportent à l'honneur de Dieu ; les sept derniers, à l'avantage du prochain.

Ces dix commandements se réduisent à deux: aimer Dieu par-dessus toute chose, et le prochain comme nous-mêmes.

XI

Tous les devoirs de charité envers le prochain sont compris dans les œuvres de miséricorde corporelle et spirituelle.

Il y a sept œuvres de miséricorde corporelle :

Visiter les malades,

Donner à manger à celui qui a faim,

Donner à boire à celui qui a soif,

Vêtir celui qui ne l'est pas,

Héberger le voyageur,

Racheter le captif,

Ensevelir les morts.

Il y a sept œuvres de miséricorde spirituelle :

Instruire les ignorants,

Conseiller ceux qui en ont besoin,

Reprendre ceux qui font mal,

Pardonner les injures,

Consoler les affligés,

Souffrir avec patience les défauts du prochain,

Prier pour les vivants et pour les morts.

XII

Le soin de conserver la Religion a été confié à l'Église. L'Église, c'est la société de tous les fidèles, gouvernée par notre Saint-Père le Pape.

Pour nous aider à accomplir les commandements de Dieu, notre Père, l'Église, notre mère, nous a donné six commandements.

XIII

On est bon chrétien quand on accomplit les commandements de Dieu et de l'Église ; on est parfait quand on pratique les conseils évangéliques.

Il y a trois conseils évangéliques :

L'obéissance volontaire,

La chasteté volontaire,

La pauvreté volontaire.

XIV

Sous peine de ne pas accomplir les commandements de Dieu et de l'Église, il y a sept vertus que nous devons pratiquer : les trois théologales et les quatre cardinales.

Les vertus théologales sont :

La foi,

L'espérance,

La charité.

Les vertus cardinales sont :

La prudence,

La justice,

La force,

La tempérance.

XV

Afin de pratiquer ces vertus, il y a sept péchés capitaux qu'il faut éviter. On les appelle *Capitaux*, parce qu'ils sont la source des autres :

L'orgueil,

L'avarice,

La luxure,

La gourmandise,

L'envie,

La colère,

La paresse.

XVI

A ces sept péchés sont directement opposées sept vertus, filles des vertus cardinales :

A l'orgueil, l'humilité ;

A l'avarice, le détachement ;

A la luxure, la chasteté ;

A la gourmandise, la mortification ;

A l'envie, la charité du prochain ;

A la colère, la patience ;

A la paresse, la diligence.

XVII

Aux mêmes péchés sont encore opposés les dons du Saint-Esprit, qui nous aident à pratiquer avec perfection toutes les vertus chrétiennes.

Les dons du Saint-Esprit sont au nombre de sept :

La sagesse,
L'entendement,
Le conseil,
La force,
La science,
La piété,
La crainte de Dieu.

XVIII

Les dons du Saint-Esprit produisent des œuvres excellentes qu'on appelle les *Fruits du Saint-Esprit.*

Les fruits du Saint-Esprit sont au nombre de douze : nombre sacré qui marque la perfection :

La charité,
La joie,
La paix,

La patience,
La bénignité,
La bonté,
La longanimité,
La mansuétude,
La foi,
La modestie,
La continence,
La chasteté.

XIX

Les fruits conduisent aux béatitudes.

Il y a sept béatitudes :

Bienheureux les pauvres en esprit, parce que le royaume des cieux leur appartient.

Bienheureux les doux, parce qu'ils posséderont la terre.

Bienheureux ceux qui pleurent, parce qu'ils seront consolés.

Bienheureux ceux qui ont faim et soif de la justice, parce qu'ils seront rassasiés.

Bienheureux les miséricordieux, parce qu'il leur sera fait miséricorde.

Bienheureux ceux qui ont le cœur pur, parce qu'ils verront Dieu.

Bienheureux les pacifiques, parce qu'ils seront appelés fils de Dieu.

XX

Les béatitudes du temps conduisent à la béatitude de l'éternité.

La béatitude de l'éternité, c'est le paradis, où nous serons semblables à Dieu et heureux de son propre bonheur.

XXI

Pour y arriver, l'homme doit vaincre

les ennemis de son âme. Les ennemis de l'âme sont au nombre de trois :

Le démon,

Le monde,

La chair.

XXII

Le grand moyen de les vaincre, c'est le souvenir des fins dernières. Les fins dernières de l'homme sont au nombre de quatre :

La mort,

Le jugement,

L'enfer,

Le paradis.

« Dans toutes vos œuvres, nous a dit le Seigneur, souvenez-vous de vos fins dernières, et jamais vous ne pécherez. »

LEÇON PREMIÈRE

De Dieu.

D. Qui vous a créé et mis au monde?

R. C'est Dieu qui m'a créé et mis au monde.

D. Pourquoi Dieu vous a-t-il créé et mis au monde?

R. Dieu m'a créé et mis au monde pour le connaître, l'aimer, le servir, et par ce moyen acquérir la vie éternelle.

D. Qu'est-ce que Dieu?

R. Dieu est un pur esprit, infiniment parfait, créateur et conservateur de toutes choses.

D. Où est Dieu ?

R. Dieu est partout ; et il voit tout, il entend tout, il gouverne tout.

D. Que Dieu a-t-il créé ?

R. Dieu a créé le ciel et la terre, les hommes et les anges.

D. Qu'est-ce que l'homme?

R. L'homme est un esprit incarné

D. Qu'est-ce que les anges ?

R. Les anges sont de purs esprits, supérieurs à l'homme.

D. Comment Dieu gouverne-t-il le monde?

R. Dieu gouverne le monde comme un roi gouverne son royaume et un père sa famille, par lui-même et par ses ministres.

D. Quels sont les ministres de Dieu?

R. Les ministres de Dieu sont les anges.

D. Combien y a-t-il de dieux?

R. Il n'y a qu'un seul Dieu et il ne peut y en avoir plusieurs.

D. Pourquoi l'appelle-t-on le bon Dieu?

R. On l'appelle le bon Dieu, parce qu'il nous aime tendrement et qu'il nous donne tout ce que nous avons en ce monde.

D. Que nous promet-il pour l'autre monde?

R. Il nous promet pour l'autre monde le paradis, où nous serons heureux avec lui pour toujours.

D. A quelle condition?

R. A la condition que nous ferons ce qu'il nous demande.

D. Ce qu'il nous demande est-il bien difficile?

R. Ce qu'il nous demande n'est pas bien difficile[1].

LEÇON II

De la Foi et des principaux Mystères.

D. Que nous demande le bon Dieu ?

R. Le bon Dieu nous demande trois choses.

D. Lesquelles ?

R. *Croire* en lui, *espérer* en lui et l'*aimer* de tout notre cœur.

D. Par quelle vertu croyons-nous ?

R. Nous croyons par la Foi.

D. Qu'est-ce que la Foi ?

R. La Foi est un don de Dieu et une vertu surnaturelle par laquelle nous croyons fermement tout ce que l'Église

[1] S. Jean, *Ire Épître*, v, 3.

nous enseigne, parce que Dieu l'a dit et qu'il est la vérité même.

D. Quelles sont les premières vérités que nous devons croire ?

R. Les premières vérités que nous devons croire sont les trois principaux mystères de la Religion.

D. Nommez-les.

R. Le mystère de la sainte Trinité, le mystère de l'Incarnation et le mystère de la Rédemption.

LEÇON III

Du Mystère de la sainte Trinité.

D. Qu'est-ce que le mystère de la sainte Trinité ?

R. Le mystère de la sainte Trinité

c'est un seul Dieu en trois personnes distinctes, dans une seule et même divinité.

D. Quelles sont ces trois personnes?

R. Ces trois personnes sont : le Père, le Fils, et le Saint-Esprit[1].

D. Le Père est-il Dieu?

R. Oui, le Père est Dieu.

D. Le Fils est-il Dieu?

R. Oui, le Fils est Dieu.

D. Le Saint-Esprit est-il Dieu?

R. Oui, le Saint-Esprit est Dieu.

D. Ces trois personnes font-elles trois dieux?

R. Ces trois personnes ne font qu'un seul Dieu, parce qu'elles n'ont qu'une même nature et une même divinité.

D. Sont-elles égales en toutes choses?

[1] S. Matthieu, XXVIII, 19 ; S. Jean, Ire *Epître*, V, 7.

R. Elles sont égales en toutes choses.

D. Qu'est-ce à dire?

R. C'est-à-dire qu'elles sont aussi anciennes, aussi puissantes, aussi bonnes et aussi parfaites l'une que l'autre.

LEÇON IV

Du Mystère de l'Incarnation.

D. Qu'est-ce que le mystère de l'Incarnation?

R. Le mystère de l'Incarnation c'est le Fils de Dieu fait homme.

D. Laquelle des trois personnes de la sainte Trinité s'est faite homme?

R. C'est le Fils de Dieu, la seconde personne de la sainte Trinité, qui s'est fait homme.

D. Comment s'appelle le Fils de Dieu fait homme?

R. Le Fils de Dieu fait homme s'appelle Jésus-Christ.

D. Qu'est-ce à dire qu'il s'est fait homme?

R. C'est-à-dire qu'il a pris un corps et une âme semblables aux nôtres.

D. Où a-t-il pris ce corps et cette âme?

R. Il a pris ce corps et cette âme dans le sein de la bienheureuse Vierge Marie, toujours vierge.

D. Quel jour s'est-il fait homme?

R. Il s'est fait homme le jour de l'Annonciation, le vingt-cinquième de mars.

D. Quel jour est-il né?

R. Il est né le jour de Noël, le vingt-cinq décembre à minuit.

D. Où est-il né?

R. Il est né à Bethléem dans une pauvre étable.

LEÇON V

Du Mystère de la Rédemption.

D. Qu'est-ce que le mystère de la Rédemption?

R. Le mystère de la Rédemption, c'est le Fils de Dieu, mort sur la croix pour nous racheter.

D. De quoi nous a-t-il rachetés?

R. Il nous a rachetés du péché et de la mort éternelle.

D. Qu'a-t-il fait pour nous racheter?

R. Pour nous racheter il a souffert la mort.

D. Quelle mort?

R. La mort de la croix.

D. Quel jour est-il mort?

D. Il est mort le Vendredi saint à trois heures après midi.

D. Pour qui est-il mort?

R. Il est mort pour tous les hommes.

D. Quel jour est-il ressuscité?

R. Il est ressuscité le jour de Pâques, le troisième jour après sa mort.

D. Quel jour est-il monté au ciel?

R. Il est monté au ciel le jour de l'Ascension, quarante jours après sa résurrection.

D. Quel jour a-t-il envoyé le Saint-Esprit à ses Apôtres?

R. Il a envoyé le Saint-Esprit à ses Apôtres le jour de la Pentecôte, dix jours après l'Ascension.

LEÇON VI

Du Symbole des Apôtres.

D. Est-ce assez de croire les trois principaux mystères de la Religion?

R. Ce n'est pas assez de croire les trois principaux mystères de la Religion; il faut encore croire les autres vérités que Notre-Seigneur Jésus-Christ nous a enseignées.

D. Où sont contenues ces vérités?

R. Ces vérités sont contenues dans le le Symbole des Apôtres.

D. Qu'est-ce que le Symbole des Apôtres?

R. Le Symbole des Apôtres est un abrégé de notre foi, composé par les Apôtres.

D. Combien y a-t-il d'articles dans le Symbole ?

R. Il y a douze articles dans le Symbole.

D. Récitez le Symbole.

Je crois en Dieu, le Père tout-puissant, Créateur du ciel et de la terre. Et en Jésus-Christ, son Fils unique, Notre-Seigneur, qui a été conçu du Saint-Esprit ; est né de la Vierge Marie ; a souffert sous Ponce Pilate ; a été crucifié, est mort, a été enseveli, est descendu aux enfers ; le troisième jour est ressuscité des morts ; est monté aux cieux ; est assis à la droite de Dieu le Père tout-puissant, d'où il viendra juger les vivants et les morts.

Je crois au Saint-Esprit, la sainte Église catholique, la communion des Saints, la rémission des péchés, la résurrection de la chair et la vie éternelle. Ainsi soit-il.

LEÇON VII

De l'Église.

D. Qu'est-ce que l'Église?

R. L'Église est l'assemblée de tous les fidèles gouvernés par notre saint Père le Pape.

D. Qui a établi l'Église?

R. C'est Notre-Seigneur lui-même qui a établi l'Église pour nous enseigner sa doctrine.

D. Comment devons-nous écouter l'Église?

R. Nous devons écouter l'Église comme Notre-Seigneur lui-même.

D. Pourquoi?

R. Parce que c'est Notre-Seigneur qui parle par l'Église.

D. Comment devons-nous aimer l'Église?

R. Nous devons aimer l'Église, comme un enfant doit aimer sa mère.

D. Pourquoi ?

R. Parce que l'Église nous donne la vie spirituelle et nous fait part de tous ses biens.

D. Quels sont ces biens?

R. Ces biens sont la communion des saints, la rémission des péchés, la résurrection de la chair et la vie éternelle.

LEÇON VIII

De la Communion des Saints et de la Rémission des péchés.

D. Qu'est-ce que la Communion des Saints ?

R. La Communion des Saints est l'union qui existe entre tous les membres de l'Église.

D. Que produit cette union?

R. Cette union met en commun les biens spirituels de tous les membres de l'Église.

D. Quels sont ces biens?

R. Ces biens sont les prières, les jeûnes et les autres bonnes œuvres pratiquées par tous les membres de l'Église, et les grâces qu'ils reçoivent.

D. Qu'entendez-vous par la rémission des péchés?

R. On entend par la rémission des péchés, le pouvoir que Notre-Seigneur a donné à l'Église de remettre les péchés.

D. Quels péchés?

R. Tous les péchés sans exception.

LEÇON IX

De la Résurrection de la chair et de la Vie éternelle.

D. Quels sont les autres biens de l'Église?

R. Les autres biens de l'Église sont la Résurrection glorieuse et la Vie éternelle.

D. Quand les hommes ressusciteront-ils?

R. Les hommes ressusciteront à la fin du monde pour être jugés.

D. Par qui seront-ils jugés?

R. Ils seront jugés par Notre-Seigneur Jésus-Christ.

D. Où iront les méchants?

R. Les méchants iront en enfer, pour y brûler avec les démons.

D. Combien de temps?

R. Toujours.

D. Où iront les bons?

R. Les bons iront dans le paradis, pour y être heureux avec Dieu.

D. Combien de temps?

R. Toujours.

D. Comment s'appellent la mort, le jugement, l'enfer et le paradis?

R. La mort, le jugement, l'enfer et le paradis s'appellent les quatre fins dernières de l'homme [1].

LEÇON X.

Du Signe de la Croix.

D. Par quel signe exprimons-nous les principaux mystères de la Religion?

[1] *Ecclésiastique*, VII, 40.

R. Nous exprimons les principaux mystères de la Religion par le signe de la croix.

D. Qu'est-ce que le signe de la croix?

R. Le signe de la croix est le signe du chrétien.

D. Qu'est-ce qu'un chrétien?

R. Un chrétien est celui qui est baptisé.

D. A quoi le chrétien est-il obligé?

R. Le chrétien est obligé à professer la foi qu'il a reçue au baptême.

D. Comment la professe-t-il?

R. Il la professe par la foi, par l'espépérance et par la charité.

D. Faites le signe de la croix.

R. Au nom du Père, † et du Fils, † et du Saint-Esprit. † Ainsi soit-il.

D. Faites un acte de foi sur les principales vérités que tout chrétien est obligé de croire et de savoir en particulier.

R. Je crois fermement tout ce que croit et enseigne la sainte Église catholique, apostolique et romaine; je crois en particulier qu'il n'y a qu'un seul Dieu en trois personnes, le Père, le Fils et le Saint-Esprit; que Dieu le Fils, la seconde personne de la sainte Trinité, s'est fait homme pour nous, qu'il est mort en croix pour nous sauver; que nous avons une âme qui est immortelle, et qu'après cette vie il y aura un paradis pour récompenser les bons et un enfer pour punir les méchants éternellement. Je crois toutes ces vérités, ô mon Dieu, parce que c'est vous qui les avez révélées et que vous êtes la vérité même qui ne pouvez ni vous tromper ni nous tromper.

LEÇON XI

De l'Espérance et de la Grâce.

D. Quelle est la seconde chose que le bon Dieu demande de nous ?

R. La seconde chose que le bon Dieu demande de nous, c'est d'espérer en lui.

D. Qu'est-ce que l'espérance?

R. L'espérance est un don de Dieu et une vertu surnaturelle par laquelle nous attendons avec confiance tous les biens que Dieu nous a promis.

D. Quels sont ces biens ?

R. Ces biens sont la grâce en ce monde et le paradis en l'autre.

D. Qu'est-ce que la grâce?

R. La grâce est un principe divin qui

nous fait enfants de Dieu et héritiers de sa gloire.

D. Que nous donne la grâce?

R. La grâce nous donne la volonté et le pouvoir de faire des œuvres méritoires et satisfactoires devant Dieu.

D. Pouvons-nous toujours obtenir la grâce?

R. Nous pouvons toujours obtenir la grâce.

D. Par quels moyens?

R. Par la prière et par les sacrements.

LEÇON XII.

De la Prière.

D. Qu'est-ce que la prière?

R. La prière est une élévation de notre âme à Dieu.

D. Quand faut-il prier ?

R. Il faut prier souvent, mais surtout e matin et le soir, et avant nos principales actions.

D. Comment faut-il prier ?

R. Il faut prier avec respect, attention et dévotion.

D. Quelle est la plus excellente de toutes les prières particulières ?

R. La plus excellente de toutes les prières particulières c'est le *Notre Père*.

D. Récitez le *Notre Père*.

R. Notre Père, qui êtes aux cieux, que votre nom soit sanctifié ; que votre règne arrive ; que votre volonté soit faite en la terre comme au ciel. Donnez-nous aujourd'hui notre pain de chaque jour, et pardonnez-nous nos offenses comme nous pardonnons à ceux qui nous ont offensés, et ne nous laissez point succomber à la tentation ; mais délivrez-nous du mal. Ainsi soit-il.

D. Quelle est la plus belle prière particulière après le *Notre Père* ?

R. La plus belle prière particulière après le *Notre Père* est le *Je vous salue, Marie*,

D. Récitez le *Je vous salue, Marie*.

R. Je vous salue, Marie, pleine de grâce ; le Seigneur est avec vous ; vous êtes bénie entre toutes les femmes, et Jésus, le fruit de vos entrailles, est béni.

Sainte Marie, Mère de Dieu, priez pour nous, pauvres pécheurs, maintenant et à l'heure de notre mort. Ainsi soit-il.

D. Quelle est la plus excellente de toutes les prières publiques ?

R. La plus excellente de toutes les prières publiques, c'est la Messe.

D. Qu'est-ce que la Messe ?

R. La Messe est la continuation du sacrifice de la croix.

LEÇON XIII

Des Sacrements. — Du Baptême, de la Confirmation et de l'Eucharistie.

D. Quel est le second moyen d'obtenir la grâce ?

R. Le second moyen d'obtenir la grâce, ce sont les sacrements.

D. Qu'est-ce que les sacrements ?

R. Les sacrements sont des signes sensibles institués par Notre-Seigneur Jésus-Christ pour nous sanctifier.

D. Combien y a-t-il de sacrements?

R. Il y a sept sacrements : le Baptême, la Confirmation, l'Eucharistie, la

Pénitence, l'Extrême-Onction, l'Ordre et le Mariage.

D. Qu'est-ce que le Baptême?

R. Le Baptême est un sacrement qui nous donne la vie divine, efface le péché originel et nous fait enfants de Dieu et de l'Église.

D. Peut-on être sauvé sans être baptisé?

R. On ne peut pas être sauvé sans être baptisé.

D. Qu'est-ce que la Confirmation?

R. La Confirmation est un sacrement qui augmente la vie divine que nous avons reçue par le baptême, et nous donne le Saint-Esprit avec tous ses dons.

D. Qu'est-ce que l'Eucharistie?

R. L'Eucharistie est un sacrement qui ntretient en nous la vie divine, et qui contient vraiment, réellement et en substance le corps, le sang, l'âme et la divinité de Notre-Seigneur Jésus-Christ, sous les espèces ou apparences du pain et du vin.

D. Que reçoit-on quand on communie ?

R. Quand on communie, on reçoit Notre-Seigneur Jésus-Christ, la seconde personne de la sainte Trinité.

LEÇON XIV

Du Sacrement de Pénitence.

D. Qu'est-ce que le sacrement de Pénitence ?

R. Le sacrement de Pénitence est un sacrement qui nous rend la vie divine, et qui remet tous les péchés commis après le baptême.

D. Que faut-il faire pour bien recevoir ce sacrement ?

R. Pour bien recevoir ce sacrement, il faut examiner sa conscience, se repentir de ses péchés, les confesser et en faire pénitence.

D. Qu'est-ce que se repentir de ses péchés ?

R. Se repentir de ses péchés, c'est être bien fâché de les avoir commis et bien résolu de ne les plus commettre.

D. De quels péchés faut-il se repentir ?

R. Il faut se repentir de tous ses péchés.

D. Comment faut-il s'en repentir ?

R. Il faut s'en repentir de tout son cœur.

D. Pourquoi faut-il s'en repentir ?

R. Il faut s'en repentir, parce que le péché offense Dieu qui est infiniment parfait et infiniment bon, qu'il nous prive du paradis, mérite l'enfer et renferme une grande malice.

LEÇON XV

Suite du Sacrement de Pénitence.

D. Est-ce assez de se repentir de ses péchés pour en obtenir le pardon ?

R. Ce n'est pas assez de se repentir de ses péchés pour en obtenir le pardon, il faut encore les confesser.

D. Qu'est-ce que la confession ?

R. La confession est l'accusation de ses péchés, faite à un prêtre approuvé pour en recevoir l'absolution.

D. Comment faut-il les confesser ?

R. Il faut les confesser comme on les onnaît, sans ajouter ni retrancher.

D. Que faut-il faire après la confession ?

R. Après la confession il faut faire sa pénitence.

LEÇON XVI

Des Sacrements de l'Extrême-Onction, de l'Ordre et du Mariage.

D. Qu'est-ce que l'Extrême-Onction ?

R. L'Extrême-Onction est un sacrement qui affermit en nous la vie divine, et qui procure le soulagement spirituel et corporel des malades.

D. Quand faut-il le recevoir ?

R. Il faut le recevoir quand on est en danger de mort.

D. Qu'est-ce que le sacrement de l'Ordre ?

R. L'Ordre est un sacrement qui

donne le pouvoir de faire les fonctions ecclésiastiques et la grâce de les exercer saintement.

D. Qu'est-ce que le Mariage?

R. Le Mariage est un sacrement institué par Notre-Seigneur Jésus-Christ pour sanctifier l'union des époux.

D. Que font l'ordre et le mariage ?

R. L'ordre et le mariage perpétuent la vie divine dans l'Église, en perpétuant les prêtres et les fidèles.

LEÇON XVII

De la Charité.

D. Quelle est la troisième chose que le bon Dieu demande de nous ?

R. La troisième chose que le bon Dieu demande de nous, c'est de l'aimer.

D. Qu'est-ce que la charité ?

R. La charité est un don de Dieu et une vertu surnaturelle par laquelle nous aimons Dieu par-dessus toute chose, parce qu'il est infiniment bon et infiniment aimable, et notre prochain comme nous-mêmes pour l'amour de Dieu.

D. Comment savons-nous que nous aimons Dieu ?

R. Nous savons que nous aimons Dieu, si nous observons ses commandements.

D. Combien y a-t-il de commandements de Dieu ?

R. Il y a dix commandements de Dieu.

D. Récitez-les.

Un seul Dieu tu adoreras, et aimeras parfaitement.

Dieu en vain tu ne jureras, ni autre chose pareillement.

Les Dimanches tu garderas, en servant Dieu dévotement.

Tes père et mère honoreras, afin que tu vives longuement.

Homicide point ne seras de fait ni de consentement.

Luxurieux point ne seras de corps ni de consentement.

Le bien d'autrui tu ne prendras, ni retiendras à ton escient.

Faux témoignage ne diras, ni mentiras aucunement.

L'œuvre de chair ne désireras qu'en mariage seulement.

Biens d'autrui ne convoiteras pour les avoir injustement.

LEÇON XVIII

Du premier Commandement.

D. Que nous ordonne le premier commandement ?

R. Le premier commandement nous ordonne de croire en Dieu, d'espérer en lui, de l'aimer et de n'adorer que lui seul.

D. Comment adorons-nous Dieu ?

R. Nous adorons Dieu par la vertu de religion.

D. Qu'est-ce que la vertu de religion ?

R. La vertu de religion est une vertu par laquelle nous rendons à Dieu les hommages qui lui sont dus, comme au créateur et souverain Seigneur de toutes choses.

D. Péchons-nous en honorant la sainte Vierge, les anges et les saints ?

R. Nous ne péchons pas en honorant la sainte Vierge, ni les anges et les saints, parce que nous ne les adorons pas.

D. Comment les honorons-nous ?

R. Nous les honorons comme les amis de Dieu et nos protecteurs auprès de lui.

D. A qui se rapporte l'honneur que nous leur rendons ?

R. L'honneur que nous leur rendons se rapporte à Dieu.

LEÇON XIX

Des second, troisième et quatrième Commandements.

D. Que nous ordonne le second commandement ?

R. Le second commandement nous ordonne d'honorer Dieu par nos paroles et nous défend de le déshonorer.

D. A quoi nous oblige le troisième commandement ?

R. Le troisième commandement nous oblige à sanctifier le dimanche.

D. Que faut-il faire pour sanctifier le dimanche ?

R. Pour sanctifier le dimanche, il faut s'abstenir des œuvres serviles et entendre la messe.

D. Que nous recommande encore l'Église ?

R. L'Église nous recommande encore d'assister aux vêpres, aux instructions, et de faire d'autres bonnes œuvres.

D. Que nous ordonne le quatrième commandement ?

R. Le quatrième commandement nous ordonne d'honorer nos père et mère.

D. Qu'est-ce à dire ?

R. C'est-à-dire que nous devons les respecter, les aimer, leur obéir, et les assister dans leurs besoins.

D. Qu'ordonne-t-il aux pères et mères?

R. Il ordonne aux pères et mères de nourrir, d'instruire, de corriger, de surveiller et d'édifier leurs enfants.

LEÇON XX

Des cinquième, sixième et neuvième Commandements.

D. Que nous défend le cinquième commandement ?

R. Le cinquième commandement nous défend de nuire au prochain dans son corps et dans son âme.

D. Comment nuit-on au prochain dans son corps ?

R. On nuit au prochain dans son corps en le frappant, en le blessant, en le tuant injustement.

D. Et dans son âme ?

R. Dans son âme en le scandalisant.

D. Que défend encore ce commandement ?

R. Ce commandement défend encore a haine, la colère et les injures.

D. Que nous défendent le sixième et le neuvième commandement ?

R. Le sixième et le neuvième commandement nous défendent toutes les pensées, les désirs, les regards, les paroles et les actions contraires à la pureté.

D. Que faut-il faire pour les éviter ?

R. Pour les éviter, il faut en fuir les occasions.

LEÇON XXI

Des septième, huitième et dixième Commandements.

D. Que défend le septième commandement ?

R. Le septième commandement défend de prendre ou de retenir injustement le bien du prochain et de lui faire aucun dommage.

D. Que faut-il faire quand on a fait tort au prochain ?

R. Quand on a fait tort au prochain, il faut restituer.

D. Que défend le huitième commandement ?

R. Le huitième commandement défend le faux témoignage, le mensonge, la médisance, la calomnie et le jugement téméraire.

D. Que faut-il faire quand on a commis quelqu'un de ces péchés ?

R. Quand on a commis quelqu'un de ces péchés, il faut réparer la fortune ou la réputation du prochain.

D. Que défend le dixième commandement ?

R. Le dixième commandement nous défend de désirer injustement le bien du prochain, et de nous attacher aux richesses.

LEÇON XXII

Des commandements de l'Église.

D. Combien y a-t-il de commandements de l'Église ?

R. Il y a six commandements de l'Église.

D. Dites-les.

Les Fêtes tu sanctifieras, qui te sont de commandement.

Les Dimanches Messe ouïras et les Fêtes pareillement.

Tous tes péchés confesseras, à tout le moins une fois l'an.

Ton Créateur tu recevras, au moins à Pâques humblement.

Quatre-Temps, vigiles, jeûneras, et le Carême entièrement.

Vendredi chair ne mangeras, ni le samedi mêmement.

D. Comment devons-nous sanctifier les fêtes ?

R. Nous devons sanctifier les fêtes comme les dimanches.

D. A quoi nous oblige le troisième commandement de l'Église?

R. Le troisième commandement de l'Église nous oblige à nous confesser, au moins une fois chaque année pendant le Carême.

D. Que nous ordonne le quatrième?

R. Le quatrième nous ordonne de communier, au moins une fois chaque année à Pâques.

D. Que nous ordonne le cinquième?

R. Le cinquième nous ordonne de jeûner, quand l'Église le commande.

D. Que défend le sixième?

R. Le sixième défend de manger de la viande les jours d'abstinence.

LEÇON XXIII

Du Péché.

D. Pour aimer Dieu, suffit-il de faire ce qu'il commande ?

R. Pour aimer Dieu il ne suffit pas de faire ce qu'il commande, il faut encore éviter ce qu'il défend.

D. Que défend-il ?

R. Il défend le péché.

D. Qu'est-ce que le péché ?

R. Le péché est une désobéissance volontaire à la loi de Dieu.

D. Combien y a-t-il de sortes de péchés ?

R. Il y a deux sortes de péchés, le péché originel et le péché actuel.

D. Qu'est-ce que le péché originel ?

R. Le péché originel est celui que nous apportons en naissant, en qualité d'enfants d'Adam.

D. Qu'est-ce que le péché actuel ?

R. Le péché actuel est celui que nous commettons par notre propre volonté.

D. Combien y a-t-il de sortes de péchés actuels ?

R. Il y a deux sortes de péchés actuels : le péché véniel et le péché mortel.

D. Qu'est-ce que le péché véniel ?

R. Le péché véniel est celui qui affaiblit en nous la vie de la grâce et nous dispose au mortel.

D. Comment est puni le péché véniel ?

R. Le péché véniel est puni par des peines en ce monde, ou par le purgatoire, en l'autre.

D. Qu'est-ce que le péché mortel ?

R. Le péché mortel est celui qui nous fait perdre la vie de la grâce, nous sépare de Dieu et mérite l'enfer.

D. Comment le péché mortel est-il puni ?

R. Le péché mortel est puni par les maux de ce monde et par les peines éternelles.

D. Quel est donc le plus grand malheur de l'homme ?

R. Le plus grand malheur de l'homme c'est d'être en état de péché mortel.

D. Et son plus grand bonheur ?

R. Son plus grand bonheur, c'est d'être en état de grâce.

LEÇON XXIV

Des péchés capitaux.

D. Qu'est-ce que les péchés capitaux ?

R. Les péchés capitaux sont des péchés mortels de leur nature.

D. Pourquoi les appelle-t-on capitaux ?

R. On les appelle capitaux, parce qu'ils sont la source de plusieurs autres.

D. Quand sont-ils mortels ?

R. Ils sont mortels quand ils violent, en matière grave, un commandement de Dieu ou de l'Église.

D. Combien y en a-t-il ?

R. Il y en a sept : l'orgueil, l'avarice, la luxure, la gourmandise, l'envie, la colère et la paresse.

D. Que faut-il leur opposer ?

R. Il faut leur opposer les sept vertus contraires : l'humilité, le détachement, la chasteté, la mortification, la charité, la patience et la diligence.

LEÇON XXV

Des ennemis de l'Âme.

D. Quels sont les ennemis de notre âme ?

R. Les ennemis de notre âme sont le démon, le monde et la chair.

D. Peuvent-ils nous forcer à faire le mal ?

R. Ils ne peuvent nous forcer à faire le mal, mais ils peuvent nous y porter.

D. Comment le démon nous porte-t-il au mal ?

R. Le démon nous porte au mal par des pensées de malice et par des occasions de péché.

D. Comment lui résister ?

R. On lui résiste par de bonnes pensées, par le signe de la croix, l'eau bénite et la fuite des occasions.

D. Comment le monde nous porte-t-il au mal ?

R. Le monde nous porte au mal par ses exemples et par ses paroles.

D. Comment lui résister ?

R. On lui résiste en lui opposant la loi de Dieu et les exemples des Saints.

D. Comment la chair nous porte-t-elle au mal ?

R. La chair nous porte au mal par ses inclinations ou passions mauvaises.

D. Quelles sont-elles ?

R. Elles sont au nombre de quatre : la crainte et l'espérance, la joie et la douleur.

D. Quels sont les moyens de les vaincre ?

R. Les moyens de les vaincre sont : la fidélité à la grâce, la prière et le souvenir des fins dernières.

FIN.

TABLE

—

FIN DE LA TABLE.

1682-76. — Corbeil. Impr. et Stér. de Crété.

Catéchisme (le) **de persévérance**, ou Exposé historique, dogmatique, moral, liturgique, apologétique, philosophique et social de la religion, depuis l'origine du monde jusqu'à nos jours, par Mgr GAUME. 11e édition, revue et augmentée de notes sur la géologie, et d'une table générale des matières. 8 vol. in-8...... 35 fr.

Ce Catéchisme est un véritable trésor de doctrine. Recommandé à son apparition par le Souverain Pontife, patronné par l'Épiscopat français, adopté aujourd'hui dans la plupart des diocèses pour les établissements d'éducation, il a vite pénétré au sein des familles catholiques, où il n'a cessé d'être lu et consulté comme un des plus complets et des plus intéressants exposés de la Religion depuis le commencement du monde jusqu'à nos jours.

« La doctrine du Catéchisme de persévérance, a dit S. É. Mgr Donnet, archevêque de Bordeaux, est puisée aux meilleures sources. Le style en est clair, attachant, vif et pénétrant. Le plan est vaste. Il embrasse à la fois l'histoire du christianisme et des ordres religieux, l'exposition des dogmes, l'explication de la morale, des sacrements et des cérémonies de l'Église ; la méthode employée par l'auteur est celle qu'ont suivie avec tant de succès les Pères grecs et latins, celle enfin que Fénelon et plusieurs grands évêques désiraient qu'on fît revivre parmi nous. »

Catéchisme de Persévérance (Abrégé du), par Mgr GAUME, adopté pour les examens de l'Hôtel de ville. 36e édition. 1 vol. in-18 cartonné..... 1 fr. 50

Catéchisme des Mères, ou Petit Abrégé du Catéchisme de persévérance, à l'usage des enfants de six à dix ans, par Mgr GAUME. 1 vol. in-18 cart... 1 fr.

Catéchisme des Mères (*Petit*), à l'usage des enfants de six à huit ans, par Mgr GAUME. 1 vol. in-32.. » 60 c.

On ne saurait trop souhaiter, écrivait dernièrement à l'auteur un de nos évêques les plus éminents, de voir ce petit catéchisme entre les mains de toutes les mères soucieuses de bien remplir la charge si délicate que la divine Providence leur a confiée.

ŒUVRES DE Mgr GAUME

Angelus (L') au XIXe siècle. 1 vol. in-18..............	2 »
A quoi sert le Pape? Broch. in-18..................	» 20
Bethléem. 1 vol. in-18..............................	1 50
Catéchisme de persévérance. 8 vol. in-8............	35 »
Catéchisme de persévérance (Abrégé du)...........	1 80
Cimetière (le) au XIXe siècle. 1 vol. in-18...........	2 »
Credo. 1 vol. in-18..................................	» 80
Histoire du bon larron. 1 vol. in-12................	3 »
Histoire des catacombes de Rome. 1 vol. in-12....	4 »
Horloge de la passion. 1 vol. in-18.................	1 30
Judith et Esther, mois de Marie du XIXe siècle. 1 vol. in-18..............................	1 30
La Peur du Pape. Br. in-8..........................	» 80
La Profanation du dimanche. 1 vol. in-18..........	1 30
La Révolution. 12 vol. in 8	42 »
La Vie n'est pas la vie. 1 vol. in-18.................	2 »
L'Eau bénite au XIXe siècle. 1 vol. in-18...........	2 »
Le Signe de la Croix au XIXe siècle. 1 vol. in-18...	2 »
Le Traité du Saint-Esprit. 2 vol. in 8...............	12 »
Les Trois Rome. 4 vol. in-12.........................	16 »
Marie étoile de la mer. 1 vol. in-18.................	1 »
Religion (la) dans le temps et dans l'éternité. 1 vol. in-18..............................	1 »
Suéma. 1 vol. in-18..................................	1 30
Voyage à la côte orientale d'Afrique. 1 vol. in-12.	3 »

1682-76. — CORBEIL, typ. de CRÉTÉ.

www.ingramcontent.com/pod-product-compliance
Ingram Content Group UK Ltd.
Pitfield, Milton Keynes, MK11 3LW, UK
UKHW020319220726
13923UKWH00003B/1257

9 782019 323783